Irada Mirzazadeh
Gulchin Abdullayeva
Hasanagha Naghizade

Inteligência Artificial em Problemas de Diagnóstico e Monitorização

Irada Mirzazadeh
Gulchin Abdullayeva
Hasanagha Naghizade

Inteligência Artificial em Problemas de Diagnóstico e Monitorização

ScienciaScripts

Imprint

Any brand names and product names mentioned in this book are subject to trademark, brand or patent protection and are trademarks or registered trademarks of their respective holders. The use of brand names, product names, common names, trade names, product descriptions etc. even without a particular marking in this work is in no way to be construed to mean that such names may be regarded as unrestricted in respect of trademark and brand protection legislation and could thus be used by anyone.

Cover image: www.ingimage.com

This book is a translation from the original published under ISBN 978-620-5-51481-8.

Publisher:
Sciencia Scripts
is a trademark of
Dodo Books Indian Ocean Ltd. and OmniScriptum S.R.L publishing group

120 High Road, East Finchley, London, N2 9ED, United Kingdom
Str. Armeneasca 28/1, office 1, Chisinau MD-2012, Republic of Moldova, Europe
Printed at: see last page
ISBN: 978-620-5-41411-8

Índice

Introdução

O progresso científico e tecnológico na sociedade conduz a mudanças tanto positivas como negativas. O envenenamento químico é um destes problemas que também precisa de ser abordado. Recentemente, o envenenamento por monóxido de carbono tornou-se mais comum no local de trabalho e em casa. A intensidade do envenenamento por monóxido de carbono era anteriormente maior nos meses de Inverno devido à utilização de fogões de aquecimento, mas agora o envenenamento por monóxido de carbono está a ocorrer durante todo o ano devido à crescente utilização de produtos químicos na indústria. Devido à prevalência e frequência do envenenamento, é a segunda doença cardiovascular mais comum a seguir ao cancro. Isto é causado pelo aumento de substâncias tóxicas com as quais as pessoas entram em contacto na sociedade. A este respeito, no contexto de envenenamento químico, o diagnóstico de envenenamento por monóxido de carbono, primeiros socorros e tratamento são relevantes e importantes não só para a ciência médica, mas também para a intervenção de outras ciências.

A aplicação da tecnologia da informação neste campo da medicina explica-se pela complexidade, incerteza e natureza multiparamétrica do problema. O facto de a maioria dos sintomas de envenenamento por monóxido de carbono serem encontrados noutros envenenamentos também contradiz o diagnóstico diferencial. Este problema exige a utilização de métodos matemáticos e ferramentas informáticas para diagnosticar o envenenamento por monóxido de carbono. O processo de envenenamento consiste no diagnóstico diferencial, primeiros socorros e escolha de tácticas de tratamento. Contudo, investigações recentes demonstraram que uma das especificidades do processo são as consequências do envenenamento por monóxido de carbono. Segundo um estudo realizado por médicos do Minneapolis Heart Institute nos Estados Unidos, as pessoas com envenenamento por monóxido de carbono sofrem mais tarde de doenças cardiovasculares e do sistema nervoso. Por esta razão, os doentes devem estar sob supervisão médica após receberem tratamento adequado. Isto significa a realização de um grande número de análises e exames de vez em quando. Através do controlo da utilização das tecnologias da informação, é possível

 para ajustar a duração do controlo sobre o paciente, para evitar testes adicionais, para verificar a precisão da análise em intervalos de tempo, para julgar os resultados dos exames e para fazer recomendações. É importante criar um sistema de informação intelectual de envenenamento por monóxido de carbono, baseado na solução eficaz e mais precisa de questões de diagnóstico e monitorização com a ajuda de tecnologias de informação e métodos matemáticos.

Dos Autores

Capítulo 1.
Sistemas de Informação Intelectual em Medicina

Os problemas de diagnóstico em medicina podem ser correlacionados com a classe de tarefas pouco estruturadas e mal formalizadas, ou seja, tarefas cuja solução reside no campo da teoria da inteligência artificial, onde o conhecimento é activamente utilizado juntamente com os dados digitais e tabulares. Neste aspecto, é necessário clarificar o significado do termo "conhecimento". Na teoria da inteligência artificial, o conhecimento é, acima de tudo, informação. Descreve propriedades, e relações dos processos estudados nas expressões subjectivas (homem) e objectivas (ciência). A base dos sistemas de inteligência artificial é o conhecimento, com base no qual os dados são processados e as decisões são tomadas através de uma máquina de inferência lógica. Para representar o conhecimento, em primeiro lugar, são necessários o conceito de interpretação interna, a definição da estrutura externa e interna das ligações de dados, etc. Com base no conceito, o conhecimento pode ser apresentado formalmente (com base no cálculo proposicional e no cálculo predicado), formalmente (semântico, relacional), o que inclui modelos de produção, redes semânticas, molduras. Existe também o terceiro tipo de representação, o chamado integrado, que combina vários tipos de representação do conhecimento. Em caso de conhecimento determinístico, os modelos acima referidos são utilizados com bastante sucesso em problemas de diagnóstico. Mas muitas vezes, especialmente na prática pré-hospitalar, somos confrontados com informação não determinista. Esta situação está geralmente associada a imprecisão, imprecisão, incerteza da informação disponível, interpretações ambíguas de fenómenos, falta de fiabilidade, ou incompletude da informação. A representação do conhecimento pode ser difícil mesmo em caso de não determinação dos procedimentos para a derivação de decisões, etc. [1]. Nestes casos, são utilizados os métodos de representação de conhecimentos imprecisos.

Na medicina, há um grande número de problemas onde a inteligência artificial e métodos de alta tecnologia são hoje aplicados com sucesso, para cujo desenvolvimento cientistas como Charles Babbage, Alan Turing, George Boole, Norbert Wiener, Lotfi Zadeh e outros deram um contributo especial.

Charles Babbage (1791-1871), o matemático inglês, em 1833 sugeriu a concepção de uma máquina de cálculo digital universal. Este desenho é o exemplo dos computadores modernos.

Em meados do século 19th (2000 anos depois de Aristóteles), o matemático inglês George Boole (1815 - 1864) aperfeiçoou o sistema de sinais lógicos. A função de Boole significa uma função multivariável cujos argumentos e ela própria tomam valores 0 e 1. Essas funções têm uma importância significativa nas questões teóricas e aplicadas da cibernética, especialmente nos circuitos de retransmissão e na teoria dos códigos. Álgebra de Boole significa álgebra dada pelo método axiomático. Boole uma álgebra é a base da lógica da máquina electrónica.

Norbert Wiener (1894 - 1964) estudou uma importante classe de processos aleatórios, desenvolveu a "teoria da filtragem" de processos aleatórios estacionários, a teoria da interpolação e da extrapolação. Ele introduziu o conceito de medida ("medida Wiener") no espaço das funções contínuas (é de grande importância na teoria dos processos aleatórios). A sua realização mais importante é a formação da cibernética como uma ciência unificada. Segundo N. Wiener, a cibernética é a ciência de controlo e só estuda objectos controlados, e a principal questão do sistema cibernético é criar sinais de influência de controlo como resultado do processamento de informação, de modo a que a função de objectivo correspondente seja executada da forma mais conveniente.

Em 1936, A. Turing propôs um hipotético conversor universal de informação discreta (máquina Turing).

A máquina de computação electrónica (ECM) criada nos anos 40 do século 20th teve uma influência decisiva na formação da cibernética. Tornou-se possível resolver questões complexas através da ECM e foi criado um sistema de controlo da cibernética. A recolha e memorização de informação nestes sistemas, a análise automática e o controlo adequado do processo de acordo com o resultado obtido permitiram resolver a questão mais básica da cibernética. Em 1950, o cientista inglês Alan Turing propôs pela primeira vez um teste empírico no seu artigo "Computing Machinery and Intelligence" no jornal filosófico "Mind". O principal objectivo do autor do artigo era determinar a resposta a uma pergunta: pode uma máquina pensar? Um termo muito popular - Turing machine (TM) - é um autómato rigidamente estruturado com todas as capacidades lógicas de uma verdadeira máquina computacional. O teste de Turing em si é um teste muito - discutido. Por exemplo, vamos explicar as afirmações de John Searle.

Sala chinesa - uma experiência imaginária na filosofia do pensamento e na filosofia da inteligência artificial publicada pela primeira vez por John Searle em 1980. A essência da experiência: mesmo que uma máquina digital com inteligência artificial esteja equipada com programas especiais, ela não pode ter consciência igual à consciência humana. Ou seja, uma negação completa de inteligência artificial forte e uma crítica ao teste de Turing. O argumento de Searle foi publicado em 1980 no jornal "Minds, Brains, and Programs" na revista "The Behavioral and Brain

Sciences". Mais tarde apareceu em 1984 no livro "Minds, Brains, and Science" e em 1990 na revista Scientific American.

Até aos dias de hoje, este argumento filosófico é o mais analisado no campo da ciência cognitiva. Alguns estudiosos consideram mesmo o cognitivismo como um projecto de investigação dedicado à refutação do argumento de Searle. Foram publicados 750 artigos relacionados com o tema entre 2010 e 2014.

Originalmente, o cientista americano azerbaijanês Lotfi Zadeh tornou possível ter mais adequadamente em conta a incerteza dos processos na natureza e na sociedade, introduzindo a dimensão difusa na ciência. Actualmente, os japoneses Mitsubishi, Toshiba, Sony, Canon, Sanyo, Nissan, Honda, US General Motors, General Electric, Motorola, Dupont, Kodak e outras empresas de renome utilizam amplamente na produção de câmaras fotográficas e de vídeo, máquinas de lavar roupa, aspiradores químicos, carros, comboios, etc., processos industriais baseados na teoria da lógica difusa. Actualmente, esta teoria é utilizada em economia, psicologia, linguística, política, filosofia, sociologia, questões religiosas, e problemas de conflito.

A lógica difusa de Lotfi Zadeh pode ser explicada figurativamente da seguinte forma: o cérebro a julgar pela "lógica de Aristóteles" percebe o mundo apenas a preto e branco, enquanto que a "lógica de Zadeh" nos permite perceber o mundo em todas as suas tonalidades. Porque "a lógica de Aristóteles" é uma lógica binária, "a lógica de Zadeh" é uma lógica multivalorizada.

Uma das teorias científicas fundamentais propostas por Lotfi Zadeh, "soft computing", começa a desenvolver-se a uma grande velocidade. Alguns dos componentes mais amplamente utilizados da computação suave são:

> Neurocomputação + lógica fuzzy - neuro-fuzzy (NF);

> Lógica difusa + algoritmos genéticos - FG;

> Lógica difusa + teoria do caos - FCh

> Redes neurais + algoritmos genéticos - NG;

> Redes neurais + teoria do caos - NCh;

> Redes neurais + lógica fuzzy + algoritmos genéticos - NFG;

> Lógica difusa+ redes neurais + algoritmos genéticos - FNG.

Utilizámos o modelo NF na nossa investigação.

É de notar que a maioria dos sistemas acima referidos funcionam online (claro que aqui excluímos programas de teste), o que tem as suas inegáveis vantagens. As seguintes questões são resolvidas principalmente pela inteligência artificial: interpretação de dados, diagnóstico, monitorização, concepção, previsão, ensino, gestão, e tomada de decisões.

O conceito de inteligência artificial moderna inclui a combinação de arquivos electrónicos de descrição médica, dados de monitorização médica com resultados laboratoriais, meios modernos de troca de informação (correio electrónico hospitalar, videoconferência, etc.).

Os problemas que cobrem várias áreas da medicina são resolvidos com base em sistemas de informação médica, generalizando os sistemas de inteligência artificial utilizados na medicina de acordo com as suas funções. Uma destas questões está relacionada com o envenenamento por monóxido de carbono.

Capítulo 2.

Problema mundial de intoxicação com monóxido de carbono

Existe um certo grupo de problemas em medicina que exigem a exactidão do diagnóstico e a rapidez dos primeiros socorros. As intoxicações com substâncias tóxicas referem-se a um grupo de problemas semelhantes em que a solução e o resultado positivo dependem fortemente do tempo. Em condições de ajuda rápida e urgente, a solução deste problema é significativamente complicada quando um paciente se encontra em estado comatoso. Em conformidade com os dados estatísticos, devido ao desenvolvimento das indústrias petrolífera, química e do gás, os casos de envenenamentos com substâncias tóxicas utilizados nos ramos mencionados tornaram-se mais numerosos recentemente. Deve ser particularmente enfatizado que o número de casos de envenenamentos com monóxido de carbono tem vindo a aumentar constantemente. O monóxido de carbono ou óxido de carbono é formado em toda a parte se houver condições de combustão incompleta de substâncias que contenham CO.

O monóxido de carbono (CO) é um gás incolor, insípido e inodoro produzido por uma combustão incompleta de qualquer combustível que contenha carbono, como o propano, gás natural, gasolina, petróleo, carvão, e madeira. O envenenamento por CO ocorre após a inalação de CO que reduz a capacidade do sangue de transportar oxigénio, deixando os órgãos e células do corpo esfomeados de oxigénio. O CO liga-se à hemoglobina (Hb) no sangue com alta afinidade, formando o COHb. A exposição a níveis tão baixos quanto 10 ppm de CO pode levar a níveis detectáveis de COHb de aproximadamente 2%. A Organização Mundial de Saúde sugere que níveis superiores a 6 ppm são potencialmente tóxicos durante um período de tempo mais longo. Níveis de COHb iguais ou superiores a 2%

em não fumadores e 10% ou superiores em fumadores são considerados anormais e podem produzir sintomas. Efeitos específicos de Hb O CO liga-se com alta afinidade a muitas proteínas ferrosas contendo heme. Hb tem uma afinidade 250 vezes maior com o CO do que com o oxigénio [2].

Os sintomas de envenenamento por CO variam dependendo do nível de exposição aguda e incluem, com o aumento da proporção de carboxihemoglobina no sangue humano (COHb), o seguinte: falta de ar, dor de cabeça, irritabilidade, fadiga, tonturas, dificuldade de visão, confusão, colapso, desmaio ao esforço, inconsciência, convulsão intermitente, insuficiência respiratória, danos cerebrais, e sequelas significativas a longo prazo (tais como problemas de memória, atenção, ou concentração) e morte. O quadro 1 ilustra sinais e sintomas em várias concentrações de COHb. Muitos pacientes são encontrados inconscientes ou gravemente doentes, tornando a história inalcançável. Ao mesmo tempo, a dificuldade de diagnóstico é explicada pelo facto de que os mesmos sintomas e mesmo síndromes podem ser testemunhados em casos de envenenamentos por diferentes substâncias tóxicas. Naturalmente, isto exige a realização de um diagnóstico diferencial. A natureza do envenenamento depende da concentração de monóxido de carbono no ar (WA-20 mg/ m2), da duração da exposição e da sensibilidade individual de uma pessoa. Distinguem-se as intoxicações agudas e crónicas por monóxido de carbono. Em condições de produção industrial, é possível a poluição do ar atmosférico com pequenas doses de monóxido de carbono, cujo efeito prolongado no organismo humano leva ao envenenamento crónico. Embora o diagnóstico seja mais difícil, a exposição crónica a CO de nível inferior está associada à diminuição da função cognitiva e a problemas neurológicos. Mais sintomas únicos de exposição crónica ao CO incluem fadiga crónica, vertigens, parestesias, policitemia, dor abdominal, diarreia, e infecções recorrentes [2]. Se a intoxicação crónica for de natureza reversível, o envenenamento agudo causa frequentemente resultados letais ou complicações graves, que se podem manifestar durante muito tempo após o envenenamento.

Quadro 1.

Sinais e sintomas em várias concentrações de carboxiemoglobina

CO na atmosfera	Duração da exposição	Saturação de sangue	Sintomas
Até 0,01%	Indefinido	0 – 10%	Nenhum
0,01 – 0,02%	Indefinido	10 – 20%	Aperto na testa, ligeira dor de cabeça, dilatação de vasos cutâneos
0,02 – 0,03%	5 - 6 hr	20 – 30%	Dor de cabeça, palpitação nos templos
0,04 – 0,06%	4 - 5 hr	30 – 40%	Dores de cabeça graves, fraqueza, náuseas, vómitos, dificuldade de visão, tonturas, colapso, cor vermelho cereja dos lábios e da pele
0,07 – 0,10%	3 - 4 hr	40 – 50%	Como acima, síncope, pulso aumentado e frequência respiratória
0,11 – 0,15%	1½ - 3 hr	50 – 60%	Taquicardia, taquipneia, respiração de Cheyne-Stokes, coma, convulsão
0,16 – 0,30%	1- 1½ hr	60 – 70%	Coma, convulsão, diminuição da acção e respiração do coração, morte
0,50 – 1,00%	1 - 2 min	70 – 80%	Pulso fraco, respiração deprimida, insuficiência respiratória e morte

Os ambientes interiores são o cenário mais comum para a intoxicação de CO como resultado da exposição residencial interior relacionada com incêndios de combustão ou de estruturas. A base de dados de lesões (BID) da União Europeia (UE) (2006) indica que mesmo 87% de todas as lesões relacionadas com CO ocorrem em áreas residenciais privadas [3]. Como o CO é difícil de notar sem instrumentos especiais, nem sempre é evidente quando as exposições em interiores estão a aumentar, e os sintomas de saúde associados não são específicos. Muitas vezes as pessoas com uma intoxicação ligeira a moderada sentir-se-ão doentes enquanto em casa, mas raramente o associarão ao CO.

A intensidade do envenenamento por monóxido de carbono era anteriormente maior nos meses de Inverno devido à utilização de fogões de aquecimento, mas agora o envenenamento por monóxido de carbono está a ocorrer durante todo o ano devido à utilização crescente de produtos químicos na indústria. Devido à sua toxicidade, o CO está também frequentemente associado a envenenamento intencional, por exemplo, descrito para suicídios.

O envenenamento involuntário por CO continua a ser uma importante causa de morbilidade e mortalidade evitáveis em todo o mundo. O Global Burden of Disease (GBD) acrescentou estimativas de envenenamento por CO em 2017 e reportou 35.500 (95% CI: 25.700-38.800) mortes e 1462,4 (95% CI: 1.073.000; 1.613.600) anos de vida ajustados à incapacidade, globalmente para esse ano. Para além das exposições letais, o envenenamento por CO pode ter implicações sanitárias substanciais a curto ou longo prazo, dependendo das concentrações inaladas, da duração da exposição e do estado físico. Os estudos de morbilidade são escassos e frequentemente limitados a uma pequena área geográfica, com apenas um número limitado de estimativas nacionais. O fardo sanitário e económico do envenenamento por CO é, portanto, susceptível de ser subestimado [4, 5].

Dados de vários países desenvolvidos demonstram que cerca de 60% do envenenamento por CO ocorrem em casa.

Nos Estados Unidos, 50.000 pacientes com envenenamento por monóxido de carbono são admitidos anualmente nos departamentos de emergência dos hospitais, resultando em 1.500 mortes [6, 7]. A maioria dos casos de envenenamento são observados e comunicados no estado do Nebraska em Janeiro [8, 9]. No período entre 2000 e 2009, o número de doentes envenenados por monóxido de carbono foi estimado em cerca de

68.316; 30.798 (45,1%) receberam ajuda no local, e 36.691 (53,7%) doentes foram tratados em hospitais. 34.386 dos doentes envenenados são mulheres, 30.257 são homens. A maioria dos casos de envenenamento estão relacionados com as condições de vida, e aqui, um lugar especial tem mulheres, crianças com menos de 17 anos de idade, e pessoas com idades entre os 18 e os 44 anos. Apesar destes factores, a quantidade de pessoas envenenadas diminuiu: em 2006 - 0,31%, em 2009 - 0,24%. Entre 2000 e 2009, são registados 16.447 casos de morte [10, 11]. Em 2015, segundo dados do Centers for Disease Control and Prevention (CDC) nos Estados Unidos, houve 393 mortes por envenenamento acidental por monóxido de carbono (Fig. 1) [12].

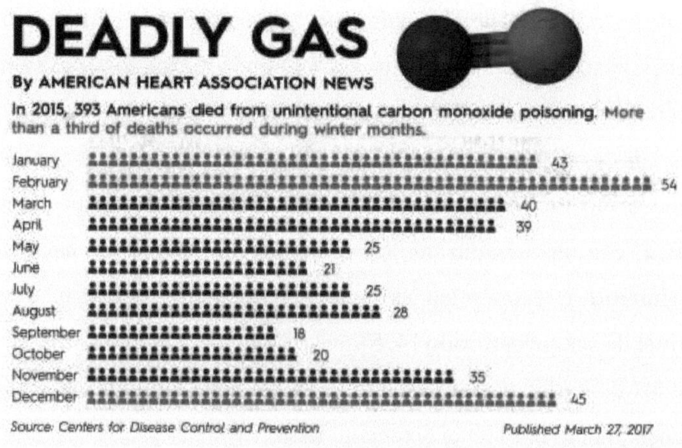

Fig. 1. Informação estatística sobre envenenamento por monóxido de carbono nos EUA

Segundo o Statistics Canada, entre 2000 e 2013, no Canadá, houve 4.990 mortes associadas ao envenenamento por CO Este número incluiu

1.125 mortes onde não houve outras causas de morte subjacentes e 3.865 onde houve outras causas de morte subjacentes. Em termos do número total de mortes, 34,8% foram registadas para pessoas com idades compreendidas entre os 25 e 44 anos, e mais 40% foram registadas para pessoas com idades compreendidas entre os 45 e 64 anos. Quebec teve o maior número total de mortes relacionadas com monóxido de carbono (n = 1,445), seguido de Ontário (27,5%), Pradarias (24,6%), Colúmbia Britânica e Territórios (13,3%), e Maritimes (5,6%). No total, houve 3.027 hospitalizações relacionadas com envenenamento por CO no Canadá entre 2002 e 2016, e 14,3% das hospitalizações relacionadas com CO no Canadá foram para pessoas com 65 anos ou mais. Quando dados em falta ou dados não especificados foram retirados da análise, 75% das hospitalizações relacionadas com o CO ocorreram como resultado de envenenamento por CO com origem em casa. Ontário, Alberta e British Columbia tiveram o maior número de hospitalizações relacionadas com CO, enquanto os maiores aumentos de hospitalização per capita entre 2002 e 2016 foram em Saskatchewan (34,7%), Manitoba (19,2%), e British Columbia (7,6%). Há mais de 300 mortes relacionadas com CO por ano no Canadá, e mais de 200 hospitalizações por ano no Canadá [13].

O número de relatórios de envenenamento por CO em França durante o período entre 2009 e 2011, suspeito ou confirmado, declarado ao sistema de vigilância foi estável, com cerca de 1.100 relatórios por período de aquecimento. No período de 2009-2010, 250 pessoas e no período de 2010-2011, 55 pessoas foram envenenadas. A partir da informação no decurso de 2010 e 2011, 87% dos eventos ocorreram através do modo de vida, 6% relacionados com profissões, 7% em lugares sociais, em automóveis e etc. Assim, entre 2009 e 2010, 86% dos eventos ocorreram devido ao modo de vida, 7% relacionados com profissões, 8% em lugares sociais, em automóveis, e etc.. 60 dos eventos foram correspondidos de 14.12.2009 a 03.01.2010 e 79 eventos de 13.01.2010 a 02.01.2011. As semanas que concentraram pelo menos 80 relatórios foram de 04. a 10.01.2010 e 100 relatórios de 27.11. a 03.12.2010. A maioria dos eventos foi observada nas regiões de Île-de-France e Nord-Pas-de-Calais (190 e 175 eventos em 2009-2010, 194 e 156 eventos entre 2010 e 2011). [10, 14].

Abaixo mostraremos dados oficiais sobre envenenamentos na Alemanha durante um período entre 2010 e 2016 [15, 16].

Quadro 2.

Quadro informativo de envenenamentos por monóxido de carbono na Alemanha

	2010	2011	2012	2013	2014	2015	2016
Número total	4171	3914	4302	3960	3764	3981	3611
Número de mortes	481	494	582	514	594	648	-

Em Inglaterra, o envenenamento involuntário não relacionado com o fogo (UNFR) é a causa mais comum de envenenamento por CO, com uma média de 25 mortes por ano a serem comunicadas entre 2015 e 2016 pelo Office of National Statistics (ONS) [17, 18] e uma taxa de hospitalização de 0,49/100.000 entre 2001 e 2010 [19]. Entre 2002 e 2016 foram identificadas 6643 admissões hospitalares por envenenamento por CO em Inglaterra, excluindo casos relacionados com incêndios (n = 408; 5,9%) (Fig. 2). Destes, 1782 (52,5%) foram não intencionais, o que representou 47,5% (n = 1617) e 52,5% (n = 1782) de hospitalizações femininas e masculinas, respectivamente (p = 0,091). Globalmente, isto equivale em média a 227 internamentos hospitalares não intencionais não relacionados com o fogo de CO por ano (min. 2013 = 166; max. 2010 = 326). Houve uma clara sazonalidade nas admissões, tendo a maior proporção de hospitalizações ocorrido durante os meses de Inverno (Novembro a Fevereiro) [20].

As taxas mais elevadas de crude com idades específicas foram encontradas em intoxicações com monóxido de carbono entre aqueles com mais de 85 anos de idade. As taxas brutas entre crianças com < 10 anos foram ligeiramente mais elevadas do que as encontradas em crianças mais velhas, com idades compreendidas entre os 10 e 24 anos e em grupos de adultos jovens, com idades compreendidas entre os 25 e 29 anos. Aqui foram encontradas taxas mais elevadas em zonas rurais do que em zonas urbanas. Estes padrões foram observados tanto em geral como por sexo. As taxas padronizadas por idade eram ligeiramente mais elevadas entre os homens do que entre as mulheres, respectivamente [20].

Em Inglaterra, as tendências temporais foram analisadas utilizando modelos log-lineares por medida e comparando-os com dados análogos obtidos para o Canadá, França, Espanha, e EUA. Aqui foram estimadas taxas padronizadas por 100.000 habitantes por características de nível de área, utilizando a população padrão da OMS (2000-2025). As tendências temporais mostraram diminuições significativas após 2010. Foram também observadas tendências decrescentes em todos os países estudados, mas a França apresentava um risco 5 vezes maior. Com base em 3399 hospitalizações não intencionais por envenenamento por CO não relacionado com o fogo, verificou-se um risco acrescido em áreas classificadas como rurais, altamente carenciadas ou com a maior proporção de população asiática ou negra [20].

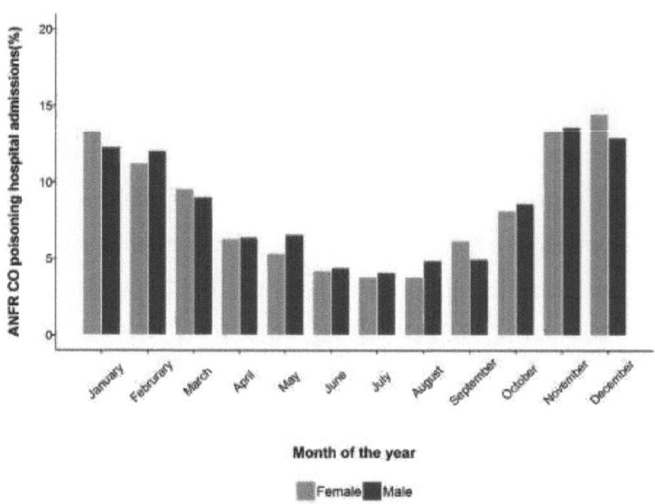

Fig. 2. Percentagem de internamentos hospitalares por envenenamento por CO ANFR entre homens (roxo) e mulheres (laranja) por mês civil, Inglaterra, 2002-2016.

Em Itália, o número de doentes envenenados por monóxido de carbono é estimado em cerca de 6.000 casos por ano (resultando em mais de 350 mortes/ano) [21].

Entre Janeiro de 2008 e Dezembro de 2017, o risco de morte relacionada com o CO na Turquia foi de 0,35/100000. Houve 2667 mortes por envenenamento por CO no período de 10 anos. 1371 (51,4%) das vítimas eram homens, 1178 (44,2%) eram mulheres e havia 118 (4,4%) vítimas cujos géneros eram desconhecidos. A idade média dos pacientes era 45 years (intervalo, 15 days-108 years). A maioria das mortes ocorreu em casos de ≥50 years de idade. 2545 (95,4%) dos incidentes foram relacionados com o aquecimento, 50 (1,9%) deles foram relacionados com o trabalho e 72 (2,7%) com causas desconhecidas. Verificou-se uma tendência de estagnação das mortes relacionadas com o CO A maioria dos incidentes ocorreu no Inverno. A região da Anatólia Média apresentava o maior risco de mortalidade relacionada com o CO [22]. A Figura 3. mostra o mapeamento do risco de morte relacionado com o monóxido de carbono na Turquia.

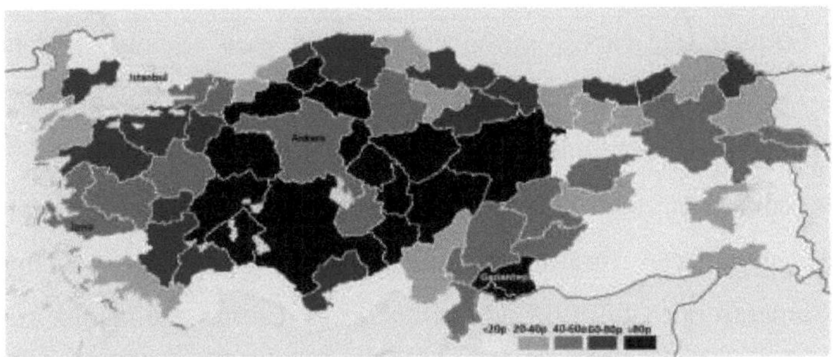

Fig. 3. Riscos de morte relacionados com o CO nas províncias da Turquia

Segundo o Ministério da Saúde russo, em 2002, mais de 98% dos 268.511 pacientes admitidos no hospital morreram de envenenamento químico agudo, incluindo 43.213 crianças, foram admitidos com envenenamento doméstico, 95.045 pessoas morreram, a taxa de mortalidade em toxicologia em pacientes nos últimos anos foi de 2,8 - 4,0%, e em departamentos não especializados foi de 4,5 - 6,9% [23].

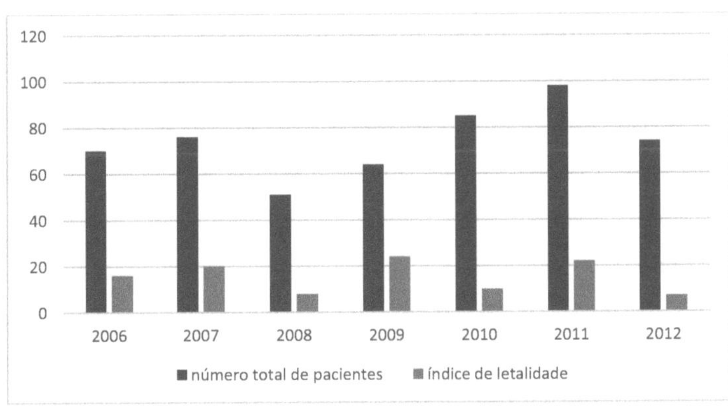

Desde meados da década de 1950, a sociedade coreana começou a utilizar briquetes de carvão como combustível para cozinhar e aquecer. Depois, a incidência do envenenamento por CO aumentou durante a década de 1960. Esta tendência tinha continuado até à década de 1980. Nos anos 90, o envenenamento por CO foi drasticamente reduzido, uma vez que os briquetes de carvão foram substituídos por petróleo. No entanto, o envenenamento por CO utilizando briquetes de carvão queimados durante tentativas de suicídio aumentou recentemente. O número de suicídios associados ao envenenamento por CO foi de 34 entre o total de 10.653 casos de suicídio (0,3%) em 2006, mas 1125 foram observados entre o total de 14.159 casos suicidas (7,9%) em 2012 [24].

No Japão, 42339 pessoas morreram devido aos efeitos tóxicos do CO entre 1997 e 2009, ou seja, 3256 mortes/ano com uma taxa de mortalidade bruta de 2,56/10 000. A taxa anual mais elevada foi reportada para 2009 (3,45/100 000) devido a um número crescente de casos de suicídio relacionados com o CO Oitenta e três por cento das mortes ocorreram em indivíduos do sexo masculino [25].

Na Austrália, foram identificados dados para 2008 quando 249 pessoas morreram devido aos efeitos tóxicos do CO (1,2/100 000). A maioria das hospitalizações relacionadas com o CO eram do sexo masculino [25].

Na Argentina, o Ministério da Saúde comunicou um total de 5549 casos de envenenamento relacionados com CO de 2008 a 2010 (4,6/100 000), mas não são fornecidos dados sobre acidentes mortais. A frequência do envenenamento foi mais elevada durante o Inverno [25].

Os dados epidemiológicos mundiais foram obtidos a partir do registo Global Health Data Exchange, uma grande base de dados de dados relacionados com a saúde mantida pelo Institute for Health Metrics and Evaluation. A incidência e mortalidade acumuladas a nível mundial de envenenamento por CO são actualmente estimadas em 137 casos e 4,6 mortes por milhão, respectivamente. A incidência mundial tem-se mantido estável durante os últimos 25 anos, enquanto tanto a mortalidade como a percentagem de pacientes que morreram diminuíram 36% e 40%, respectivamente. A incidência do envenenamento por CO não difere entre os sexos, enquanto a mortalidade é o dobro nos homens [26].

A epidemiologia mundial do envenenamento por CO em diferentes grupos etários é mostrada na Figura 5. A incidência mostra dois picos aparentes, o primeiro entre 0 ano e 14 anos (~31% de todos os casos) e o segundo entre 20 anos e 39 anos (~34 de todos os casos). A mortalidade parece, pelo contrário, mais heterogénea, sem apresentar um padrão específico. A maioria das mortes relacionadas com CO parece agrupar-se na faixa etária entre 25 e 69 anos (~63% de todas as mortes), enquanto o valor global mais elevado é então observado após a idade de 80 anos (~9% de todas as mortes). O número de intoxicações por CO cresce em paralelo com o índice sócio-demográfico (SDI). A mortalidade apresenta uma tendência semelhante, sendo aproximadamente 2,1- e 3,6 vezes mais elevada no médio e médio-alto do que nos países com IDPE de baixo para médio. Em conclusão, embora estes dados sugiram que a carga mundial de envenenamento por CO permanece estável, e o número de resultados fatais e a percentagem de pacientes que morrem têm ambos diminuído consistentemente durante os últimos 25 anos [26].

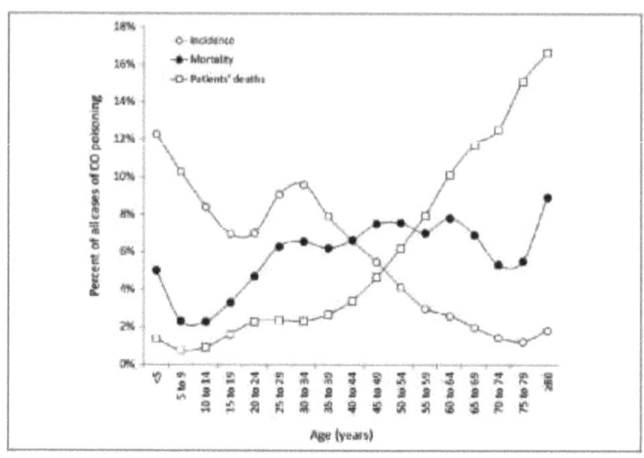

Fig. 5. Epidemiologia mundial do envenenamento por CO em diferentes grupos etários.

De acordo com dados estatísticos, também no Azerbaijão se observou um aumento considerável do número de envenenamentos agudos com monóxido de carbono. Entre 2010 e 2021, em Baku (a capital do Azerbaijão), o número de doentes envenenados com monóxido de carbono é estimado em 19.987. A maioria dos casos de envenenamento são observados no Inverno. A maioria dos casos de envenenamento por CO concentra-se na faixa etária entre os 10 e 24 anos e entre os 25 e 39 anos. Cerca de 11.959 dos doentes envenenados são mulheres. Informações fiáveis sobre envenenamentos dentro de Baku durante o período entre 2010 e 2021 são dadas no Quadro 3.

Quadro 3.

Informação estatística sobre envenenamento por monóxido de carbono nos distritos de Baku

Baku city, districts	2010	2011	2012	2013	2014	2015	2016	2017	2018	2019	2020	2021
Narimanov	69	121	127	118	105	137	77	42	56	46	41	32
Khatai	106	135	192	126	161	201	177	139	138	152	98	104
Sabayil	42	85	109	88	139	74	94	84	57	75	65	59
Yasamal	118	137	151	132	76	116	183	195	202	188	162	130
Nasimi	129	221	237	178	187	185	100	71	86	95	75	68
Nizami	64	123	171	200	197	175	159	100	112	154	112	80
Binegedi	190	316	395	378	371	419	493	352	345	393	322	277
Khazar	17	26	36	63	78	91	106	94	89	147	157	148
Surakhani	70	141	141	193	185	185	199	156	162	186	137	198
Sabunchu	107	147	221	202	158	177	271	189	241	229	201	238
Garadag	98	115	232	145	206	166	139	110	114	105	79	78
Total	1010	1567	2012	1823	1863	1949	1998	1532	1602	1770	1449	1412

A figura 6 mostra o número de casos de envenenamento por monóxido de
carbono registados na hospitalização de doentes no Baku entre 2010 e
2021.

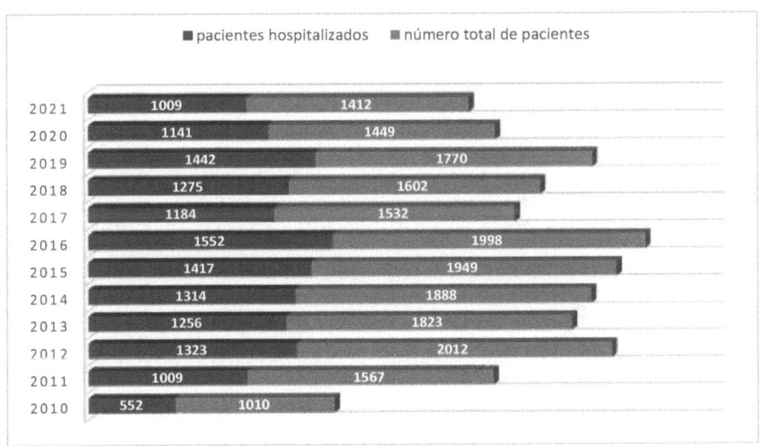

Fig. 6. Estatísticas de pacientes hospitalizados entre 2010 e 2021

Capítulo 3.
Papel dos sistemas de informação intelectual no diagnóstico diferencial do envenenamento com monóxido de carbono

O envenenamento tóxico é uma classe de questões em que o tempo é crucial para a tomada de decisões e resultados positivos. Em situações comatosas, a solução do problema é ainda mais complicada no contexto dos cuidados de emergência. A dificuldade de diagnóstico é que os mesmos sintomas e síndromes podem ser observados durante o envenenamento com diferentes substâncias tóxicas. Estas substâncias tóxicas incluem monóxido de carbono, anilina, atropina, barbitúricos, dicloroetano, codeína, pachicarpina, tubazida, organofosforado, álcool etílico, etilenoglicol, tranquilizantes, cianetos, etc. O monóxido de carbono tem sintomas semelhantes a estas substâncias. Por conseguinte, o diagnóstico diferencial é difícil e expedito. Mesmo se o envenenamento for detectado e tratado a tempo, as suas consequências podem aparecer muito tempo após o envenenamento. Após algumas semanas, pode ocorrer Parkinson, enfarte do miocárdio, e morte por lesão do músculo cardíaco. É evidente que as pessoas que foram envenenadas por uma ou outra dose de substâncias tóxicas necessitam de monitorização a longo prazo [27].

O diagnóstico de intoxicação aguda consiste em três tipos de medidas de diagnóstico: diagnóstico clínico, diagnóstico toxicológico laboratorial, diagnóstico patomorfológico.

O envenenamento nos cuidados de emergência é difícil de distinguir. O monóxido de carbono (CO) foi denominado "um grande imitador" devido a uma variedade de manifestações e por esta razão é necessário realizar um diagnóstico diferencial quando se suspeita de envenenamento por monóxido de carbono porque a clínica pré-laboratorial de envenenamento por CO é semelhante a envenenamentos com muitas substâncias tóxicas, que já mencionámos anteriormente. O estudo trata do problema da elaboração de um sistema inteligente de diagnóstico diferencial e prestação de ajuda de emergência em caso de intoxicações.

A diferenciação entre o envenenamento por monóxido de carbono e o envenenamento por outras substâncias permite distinguir uma doença específica no espaço dos sintomas utilizando um aparelho matemático, a teoria da inteligência artificial. Os métodos bioestatísticos podem ser utilizados para abordar a questão levantada durante a monitorização.

Com base no acima exposto, a questão do desenvolvimento de um sistema de informação inteligente para o diagnóstico diferencial e monitorização do monóxido de carbono e outras substâncias tóxicas semelhantes no quadro clínico está dividida nas seguintes sub-questões:

- investigação na área temática
- recolha e sistematização dos dados iniciais
- preparação dos dados necessários para o diagnóstico diferencial
- desenvolvimento da base de dados do sistema
- desenvolvimento da base de conhecimentos
- apoio matemático de diagnóstico
- organização da monitorização com base em medicina baseada em provas
- apoio matemático à tomada de decisões
- desenvolvimento de uma base de dados sobre estes envenenamentos
- criação de um programa de formação para estudantes das escolas médicas e pessoal médico de emergência.

Dado que os seres humanos são parte integrante do biosistema, abordagens probabilísticas simples e muito complexas são aplicadas ao processo de envenenamento por monóxido de carbono utilizando a classificação de problemas biocibernéticos.

Em primeiro lugar, é necessário atribuir uma selecção matemática adequada de máquinas e classe de biossistemas para a criação de um modelo matemático de sistema biológico. De acordo com o estudo, as propriedades gerais da identificação de biossistemas levam a uma descrição do funcionamento dos biossistemas. Os diferentes biossistemas com propriedades de determinação são geralmente descritos por equações diferenciais e integrais, álgebra linear e não linear. Os métodos algébricos são utilizados para a exploração de sistemas determinados. A dinâmica dos biosistemas determinados é mostrada como equações não diferenciais e integrais, que mostram o tempo como a variável dependente. Em alguns casos, polinómios algébricos com argumentos temporizados são utilizados para apresentar determinada dinâmica de biosistemas. Máquina de modelação matemática adequada, teoria da probabilidade, teoria de Markov e processos aleatórios e as leis são aplicadas para a descrição de biosistemas provavelmente caracterizados. A lei de distribuição do modo estacionário dos biosistemas prováveis é estudada por expressões algébricas, funções de auto e correlação cruzada, processos de Markov e serviços públicos. Os biosistemas prováveis não estacionários são estudados por processos estocásticos, funções de autocorrelação, teoria dos processos de Markov e teoria dos automatismos. Deve notar-se que a avaliação da entropia pode ser utilizada para biosistemas sofisticados, prováveis e não indexados a um índice. Assim, podemos dizer que a análise dos dados experimentais necessita de detectar as propriedades do biosistema e escolher a máquina matemática adequada para a síntese de um modelo matemático de biosistemas.

A identificação da máquina matemática de investigação de biosistemas é resolvida por meio de biosistemas.

A figura 7 será utilizada no estudo de esquemas de máquinas matemáticas que serão empregues com parâmetros de máquina de processamento matemático de biosistemas.

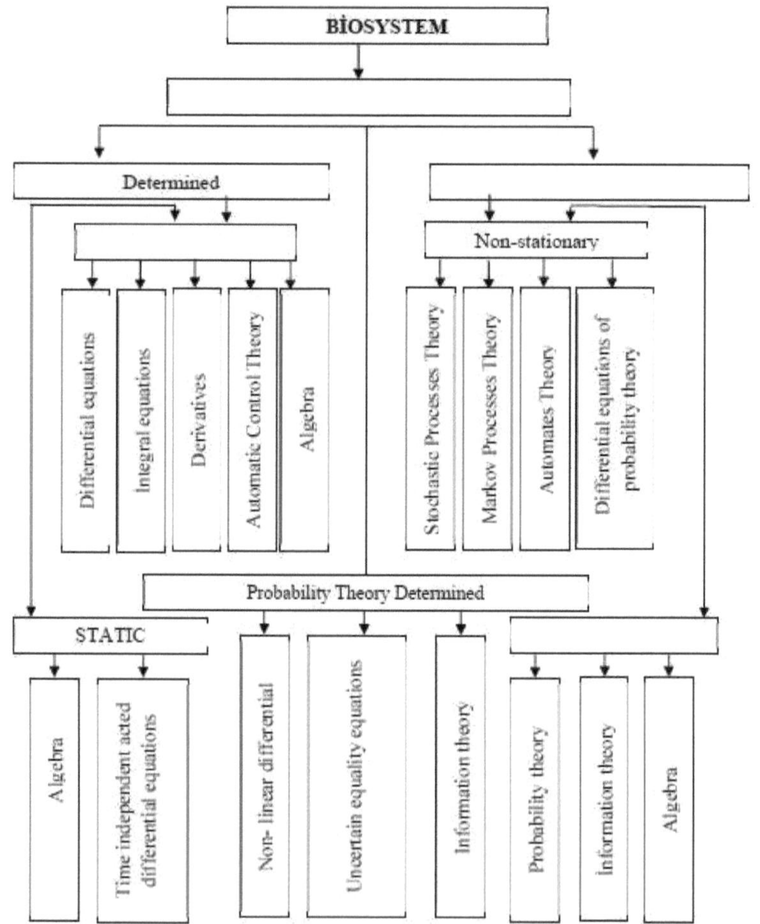

Existe um grande número de sinais biomédicos e os métodos de processamento de dados:

➢ Classificação dos dados;

➢ Caracterização da fonte de dados;

➢ Descrição geral dos dados e modelos da experiência;

➢ Teoria das séries cronológicas e cadeias de Markov;

> Dados do modelo geométrico;

> Identificação e reconhecimento de imagens;

> Métodos de análise estatística de dados;

> Métodos não paramétricos de análise;

> Classificação multidimensional das observações;

> Interacção dos métodos de investigação de dados multidimensionais;

> Métodos de redução de espaço descritos;

> Informação, análise de dados, a escolha das alternativas;

> Base para a análise de imagens biomédicas e etc.

A máquina matemática precisa de ser corroborada para a análise de biosistemas [28]. Para a caracterização da solução óptima para o problema da descrição adequada do sistema biológico, que é implementada o aparelho matemático foi eleito. A solução do problema considera a classificação das questões de biocibernética com base em informações preliminares. A base da classificação da biocibernética consiste na complexidade do sistema e na avaliação quantitativa do nível. De acordo com a complexidade específica da complexidade numérica do sistema de identificação, o valor máximo deve ser determinado por:

$$H_{max} = \log m \text{, (1)}$$

onde m - o número de situações que podem ser adoptadas pelo sistema.

Neste caso, o sistema:

- Se o estatuto de até 8 $0 < H_{max} \leq 3$ for simples,

- Até 128 se a situação for complexa $3 < H_{max} \leq 6$,

- Mais de 128 - é considerado como $H_{max} > 6$ muito complicado.

H_{max} é o cálculo da quantidade máxima de incerteza do sistema. Se for possível calcular a probabilidade p_i do sistema a um estado de incerteza no funcionamento do sistema, este é calculado da seguinte forma:

$$H = -\sum_{i=1}^{m} p_i \log p_i .$$
(2)

A organização relativa é então calculada:

$$R = 1 - \frac{H}{H_{max}}$$
(3)

De acordo com a organização relativa, todos os sistemas estão principalmente divididos em 3 grupos:

➢ Se $0 < R \leq 0.1$ era provável que o biosistema da natureza tivesse menos dureza e tivesse a capacidade de alterar o estatuto da lei de distribuição.

➢ Se $0.3 < R \leq 1$ é indexado de acordo com o sistema biológico em consideração. Os sistemas de gestão de biossistemas de órgãos internos, referem-se aos que suportam a sustentabilidade dos parâmetros do ambiente construído.

➢ Os dois tipos de sistemas biológicos, o determinismo e a probabilidade, são caracterizados por dois grandes grupos de biossistemas. Valor relativo de avaliação organizacional $0.1 < R \leq 0.3$. É provável que estes sistemas sejam chamados de determinantes de índice ou quazy. Este tipo de sistemas de gestão de desempenho refere-se aos sistemas ambientais construídos.

Não existe uma fronteira nítida entre os biossistemas em relação a cada um dos três sistemas, o nível de organização, porque o valor relativo da situação doméstica e o seu impacto nos biossistemas pode variar em função dos sinais externos.

Estas ligações são chamadas de dependência linear entre as complexidades relativas do sistema. Caracterizam-se por diferentes aspectos dos biosistemas (H_{max} - o número de casos, R - organização destes casos de adopção pelo sistema). Este diagrama pode ser definido com base na seguinte classificação (fig. 8).

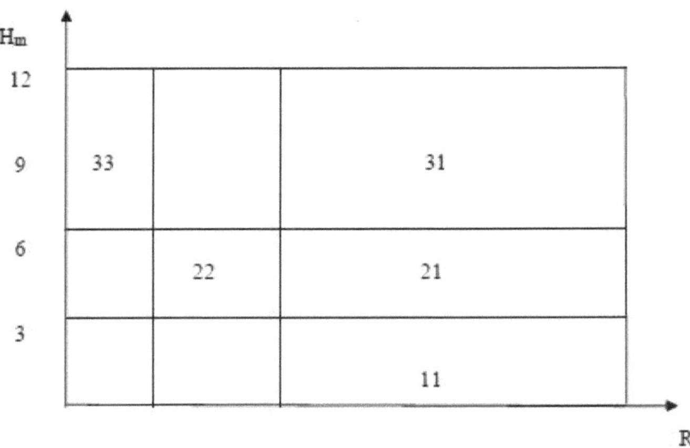

Fig. 8. Diagrama de classificação

O diagrama abaixo mostra os biosistemas:
- 11 - O simples determinista;
- 12 - Probabilidade simples - determinista;
- 13 - Probabilidade simples;
- 21 - Determinista complicado;
- 22 - A probabilidade complicada - determinista;
- 23 - Probabilidade complicada;
- 31 - Muito complicado - determinista;
- 32 - A probabilidade muito complicada - determinista;
- 33 - A probabilidade muito complicada.

É de notar que os sistemas determinísticos estão divididos em sistemas estáticos e dinâmicos, enquanto os sistemas de probabilidade estão divididos em estacionários e não estacionários [29].

A questão da criação de uma base de dados para o diagnóstico e monitorização do envenenamento por monóxido de carbono, que é a fase inicial do sistema de informação intelectual, foi resolvida.

A intoxicação com substâncias tóxicas, juntamente com monóxido de carbono, envolve uma série de produtos químicos. Foram encontrados muitos sintomas relevantes de monóxido de carbono com um certo número de substâncias tóxicas. Devido às suas complicações e à sua sobreposição em certa medida, contradiz os requisitos para o estabelecimento de uma base de dados. No decurso dos trabalhos, foram identificados 19 sintomas primários que acompanham os envenenamentos indicados na ausência completa de testes laboratoriais e outros estudos, com base nos quais foi elaborado um quadro de síntese 4 apresentado abaixo. No quadro são utilizadas as seguintes notações: + - presença obrigatória de um sintoma no caso desta hipótese; 0 - nenhum sintoma; ± - incerteza associada à menor gravidade do sintoma, que, por sua vez, depende fortemente do sujeito (idade, peso, doenças de acompanhamento, condições de envenenamento, etc.).

Quadro 4.

Diagnóstico diferencial de envenenamento tóxico em estado comatoso

Sintomas	Aniline	Atropina	Barbitúricos	Dicloroetano	Codeine	Pachycarpin	Tubazid	Substâncias	Álcool etílico	Etilenoglicol	CO	Tranquilizante	Vasos anti-	Salicilatos	Cianeto

Myosis	0	0	±	±	+	0	±	+	±	±	±	+	±	±	±
Mydriasis	+	+	±	±	0	+	±	0	±	±	+	±	+	+	+
Peça de teatro para os alunos	0	0	+	±	0	0	±	0	+	±	±	±	±	±	±
Fibrilações sincrónicas	0	0	0	±	0	0	0	0	+	±	±	±	±	±	±
Fibrilações assíncronas	0	0	0	0	0	+	0	+	0	0	±	±	±	±	±
Hiperkinesia	+	+	0	0	0	0	0	+	±	0	±	±	+	+	±
Rigidez dos músculos occipitais	0	0	0	±	0	0	±	±	±	+	+	±	±	±	±
Cãibras assíncronas	+	±	0	±	±	±	0	±	±	+	+	±	±	±	+
Estados epileptiformes convulsivos	±	0	0	0	0	0	+	±	0	±	±	±	±	±	±
Transpiração	±	0		±	±	±	±	+	±	±	±	±	±	±	±
Secura da pele	±	+	±	±	±	±	±	0	±	±	±	+	±	+	±
Cianose aguda	+	±	±	±	±	±	±	±	±	±	±	±	±	±	±
Hiperaemia	0	+	±	±	±	0	±	±	±	+	±	±	±	±	+
Mármore da pele	±	±	±	+	±	+	±	±	±	±	±	±	±	±	±
Bradicardia	0	0	±	0	0	±	±	+	±	±	±	±	±	±	±
Taquicardia	+	+	±	+	+	±	±	±	±	±	±	±	±	+	±
Paralisia respiratóri	±	±	±	±	+	+	0	±	0	±	+	±	±	±	±

a com reflexos retidos															
Paralisia respiratória em areflexia	+	+	+	+	±	±	+	±	+	±	±	+	±	±	±
Broncorreia	±	0	±	±	±	±	±	+	±	±	±	±	±	±	±

A avaliação de cada sintoma numa hipótese específica é dada por um perito na primeira abordagem. Uma base de conhecimentos é construída com base nesta informação.

A arquitectura da base de conhecimento é oferecida numa estrutura probabilística simples e muito complexa de determinação probabilística:

a) simples suposto. Baseia-se nas regras de produção "Se - Então":

b) Etapa I - dif. exacta

$$\begin{array}{ll} if & \exists x_i \in X \Rightarrow x_i \in y_j, \\ then & x_i \notin y_1, y_2, \ldots, y_{j-1}, y_{j+1}, \ldots, y_m \\ i = 1,2,\ldots,19; & j = 1,2,\ldots,15 \end{array} \qquad (1)$$

c) Etapa II - diferença inexacta

$$\begin{array}{ll} if & \exists x_i \in X \Rightarrow \exists y_j \in Y \\ then & x_i \in y_j \\ i = 1,2,\ldots,19 & 1 < j < 15 \end{array} \qquad (2)$$

d) Etapa III - diferença incerta.

$$\begin{array}{ll} if & \exists x_i \in X \\ then & \Rightarrow \left(x_i \in y_j\right) \vee \left(x_i \in y_j\right) \\ i = 1,2,\ldots,19 & 1 < j < 15 \end{array} \qquad (3)$$

Aqui $\{x_1, x_2, ..., x_i, ..., x_n\}$ - são sintomas clínicos de um paciente; y_i - são hipóteses possíveis de Y (constrói-se uma moldura para cada hipótese), X-expressa um conjunto de estados [30].

Depois a informação na base de conhecimentos tem uma estrutura em três fases:

- Fase I - informação relacionada com a diferenciação exacta dos sintomas (caso "0", ou seja, inexactidão dos sintomas noutros anos)
- Fase II - informação com diferenciação inexacta (caso "+", ou seja, há casos em que o sintoma considerado também lhes pertence)
- Etapa III - diferenciação sob incerteza ("±").

Os sintomas incluídos na fase III podem ou não ocorrer em qualquer hipótese. Não são dominantes para essa hipótese, mas podem ser um sintoma principal noutra hipótese. Isto cria problemas relativos para um diagnóstico preciso.

Foi construída uma estrutura de armação para 15 hipóteses. Como o biosistema é de natureza probabilística simples, o método Bayes foi utilizado no diagnóstico. A escolha do método, a sua fundamentação matemática está relacionada com problemas de diagnóstico e teste de conhecimentos.

A figura 9 mostra dois casos de diagnóstico diferencial através do método probabilístico simples.

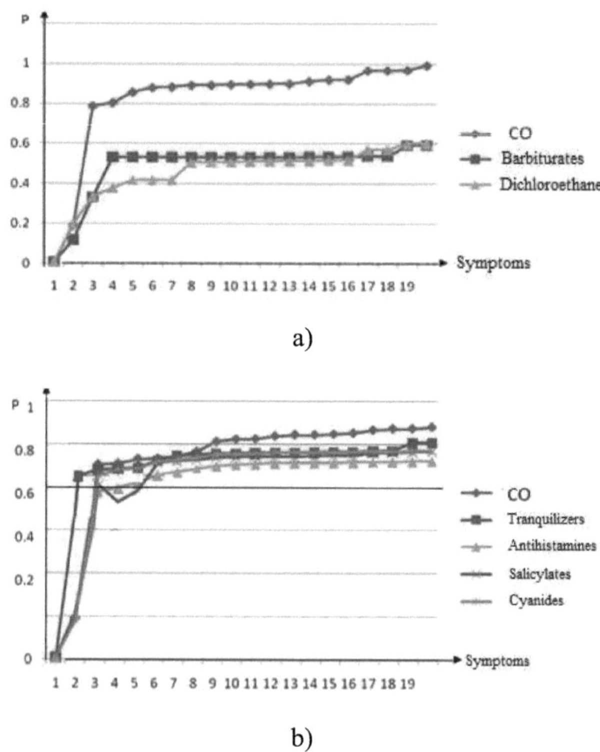

a)

b)

Fig. 9. Fragmentos de diagnóstico por método probabilístico simples

Como se pode ver na figura 9a, é possível diferenciar o monóxido de carbono e duas outras substâncias tóxicas com sintomas relativamente diferentes no método de diagnóstico Bayes, e o resultado é preciso. Na Fig. 9b, é difícil diferenciar quatro substâncias tóxicas com sintomas semelhantes do monóxido de carbono no método Bayes com uma pequena alteração na probabilidade, e é necessária uma abordagem adicional para confirmar a exactidão do resultado. Esta função é assumida pela rede neural.

b) as redes neurais foram utilizadas numa abordagem muito complexa de determinação de probabilidades.

Aqui, na primeira fase, os parâmetros de entrada e saída da rede neural devem ser determinados, e na segunda fase, a rede neural deve ser ensinada.

A abordagem da rede neural é particularmente eficaz na avaliação por peritos, uma vez que utiliza tanto a função de processamento de números do computador como a função de generalização e reconhecimento do cérebro. A rede neural pode processar um grande número de factores e diagnosticar qualquer área como um "bom médico" universal.

Para resolver o problema, propõe-se a construção de uma rede neural difusa com 114 entradas e 5 saídas na segunda camada (Fig. 10).

O sistema é treinado de acordo com os algoritmos de Levenberg-Marquardt [31].

Actualmente, existem muitos algoritmos de aprendizagem de redes neurais no mundo. Os investigadores oferecem várias opções para a classificação dos algoritmos de aprendizagem. Apesar da variedade de métodos de classificação, a questão da interacção da rede formada com o ambiente externo é de grande importância entre eles. Aqui, os algoritmos de ensino são divididos em diferentes classes de acordo com a quantidade e semântica de informação recebida do ambiente externo durante o ensino. A este respeito, existem diferentes classes de algoritmos, tais como:

➢ Aprendizagem supervisionada;

➢ Aprendizagem sem supervisão;

➢ Reforço da aprendizagem.

A formação da rede é realizada pelo Levenberg-Marquardt, algoritmo, um dos métodos de formação de gradiente, que está incluído na classe de algoritmos de supervisão. O método Levenberg-Marquardt é uma modificação do método clássico de Newton-Gauss, e a direcção de minimização neste método é escolhida pelo método de descida rápida. Neste algoritmo, o valor exacto da matriz Hessian H(w) calculado pela fórmula $p_k = -[H(w_k)]^{-1} g(w_k)$ é substituído por uma aproximação de $G(w)$, tendo em conta alguns factores de regularização no cálculo do gradiente. Para ilustrar o método, vamos assumir que a função objectiva tem um único

$$E(w) = \frac{1}{2} \sum_{i=1}^{M} [e_i(w)]^2 \qquad (1)$$

escolha educativa. $e_i = [y_i(w) - d_i]$ que significa aqui a substituição,

$$e(w) = \begin{bmatrix} e_1(w) \\ e_2(w) \\ \dots \\ e_M(w) \end{bmatrix}, \quad J(w) = \begin{bmatrix} \dfrac{\partial e_1}{\partial w_1} \dfrac{\partial e_1}{\partial w_2} \cdots \dfrac{\partial e_1}{\partial w_n} \\ \dfrac{\partial e_2}{\partial w_1} \dfrac{\partial e_2}{\partial w_2} \cdots \dfrac{\partial e_2}{\partial w_n} \\ \dots\dots\dots \\ \dfrac{\partial e_M}{\partial w_1} \dfrac{\partial e_M}{\partial w_2} \cdots \dfrac{\partial e_M}{\partial w_M} \end{bmatrix}, \qquad (2)$$

o vector de gradiente e a matriz Hessiana aproximada serão calculados como:

$$g(w) = [J(w)]^T e(w), \qquad (3)$$

$$G(w) = [J(w)]^T J(w) + R(w), \qquad (4)$$

Aqui, o componente da matriz $H(w)$ de Hesse que consiste em derivados de ordem superior em relação a w é denotado por $R(w)$. O algoritmo Levenberg-Marquardt baseia-se na aproximação com a ajuda de um factor de regularização. A matriz de Hessian aproximada no passo k^{th} parece-se com isto:

$$G(w_k) = [J(w_k)]^T J(w_k) + v_k \mathbf{1} \qquad (5)$$

No início do processo de aprendizagem, quando o valor real ainda é muito diferente do valor desejado (em grandes valores do vector de erro e), são utilizados valores paramétricos maiores do que o próprio valor da matriz. Neste caso, a matriz Hessiana é de facto substituída pelo próprio factor de regularização: $G(w_k) \cong v_k 1$. A direcção da minimização é escolhida pelo método de descida rápida: $p_k = -\dfrac{g(w_k)}{v_k}$.

medida que o erro diminui e o resultado desejado é aproximado, o valor do parâmetro v_k diminui e a importância do primeiro agregado na fórmula (4) aumenta. A eficácia do algoritmo é afectada pela correcta selecção dos seus parâmetros v_k . Em valores iniciais extremamente grandes deste parâmetro, este diminui para zero como resultado da optimização, e o resultado real do cálculo é bastante próximo do valor pretendido. Há vários métodos diferentes de selecção do valor inicial para o parâmetro v_k e vamos concentrar-nos num deles, o método proposto por D. Marquardt. O valor da função objectivo nos passos k^{th} e $k\text{-}1^{\text{st}}$ da iteração são E_K e $E_{K\text{-}1}$, respectivamente, e os valores do parâmetro nestes passos são v_k e $v_{k\text{-}1}$, respectivamente. Denominemos o coeficiente de redução do parâmetro v por r, de modo que r>1. Segundo o algoritmo clássico Levenberg-Marquardt, o valor do parâmetro v é calculado de acordo com o esquema seguinte:

- se $E\left(\dfrac{v_{k-1}}{r}\right) \le E_k$, então $v_k = \dfrac{v_k - 1}{r}$;

- se $E\left(\dfrac{v_{k-1}}{r}\right) > E_k$ e $E(v_{k-1}) < E_k$ então $v_k = v_{k-1}$;

- se $E\left(\dfrac{v_{k-1}}{r}\right) > E_k$ e $E(v_{k-1}) > E_k$ então o valor do parâmetro v deve ser sucessivamente aumentado tendo em conta $E(v_{k-1}r^m) \le E_k$ até se obter o valor $v_k = v_{k-1}r^m$ (m - é um número natural).

Este processo é continuado antes que o algoritmo chamado coeficiente de verdade calculado pelo

$$q = \frac{E_k - E_{k-1}}{[\Delta w_k]^T g_k + 0,5[\Delta w_k]^T G_k \Delta w_k} .$$

O valor do parâmetro "q" calculado com o algoritmo (1) é próximo da unidade. Neste momento, a aproximação quadrática da função objectivo tem um elevado grau de sobreposição com os valores reais, o que indica a abordagem para a solução óptima. Neste caso, o factor de regularização v_k1 na fórmula (5) é reposto ($v_k = 0$) e o processo de determinação de Hessian é levado directamente à aproximação da primeira ordem, e o algoritmo Levenberg-Marquardt torna-se o algoritmo de Gauss-Newton.

Assim, 114 entradas são devidas a possíveis manifestações de 19 sintomas (para cada sintoma, são determinadas avaliações semelhantes à apresentação do sintoma no Quadro 3). A segunda camada dá uma estimativa numérica de possível envenenamento com uma substância química específica. A informação é transmitida para o bloco de tomada de decisão.

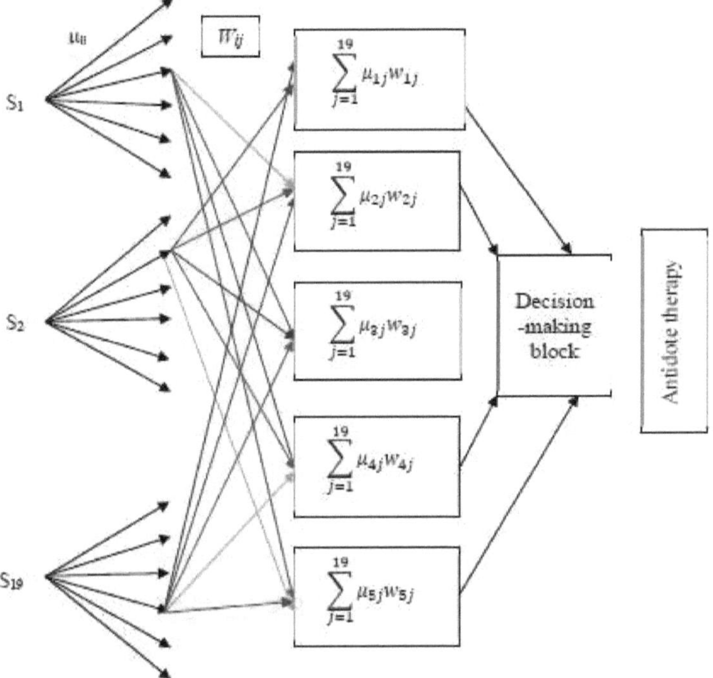

Fig. 10. Estrutura da rede neural

Os seguintes casos são possíveis no bloco de tomada de decisão:

- Se $D_i \gg D_j$ para $i{\neq}j$ *(i,j=1,2,3,4,5)*, então D_i é aceite como solução;

- Se D_i está próximo em valor de um de D_j , então:

a) na presença de sintomas de rigidez dos músculos occipitais e paralisia respiratória mantendo os reflexos, a resposta é D_i = monóxido de carbono;

b) na presença de sintomas de miose e paralisia respiratória apenas no contexto de areflexia, a resposta é D_i = cianeto;

c) com a presença obrigatória de sintomas de mydriasis e hipercinesia do tipo coróide contra o fundo de fraca presença de pele seca e taquicardia, a resposta é D_i =tranquilizadores.

d) na presença de miose, hipercinesia coróide, pele seca e o sintoma dominante de taquicardia, a resposta é D_i = anti-histamínicos.

e) na presença de midríase, convulsões assíncronas e hiperaemia cutânea, a resposta é D_i = salicilatos.

O bloco de tomada de decisão transmite a resposta ao bloco seguinte, o bloco de terapia antídoto.

Assim, o seguinte pacote de software é oferecido para diagnóstico diferencial:

➤ Diagnóstico pelo método da Bayes.

➤ Diagnóstico com a utilização de uma rede neuronal de duas camadas.

➤ Diagnóstico com a utilização de uma rede neural neuro-fuzzy.

A arquitectura do sistema de informação intelectual é apresentada como mostra a Figura 11. Os seguintes símbolos foram aqui adoptados:

- B_1 , B_2 , ..., B_n - é uma brigada de médicos,
- Base de dados DB-dados,
- KB- base de conhecimento,
- EBM - medicina baseada em provas [32].

A ciência moderna no seu estado actual foi formada em meados do século XX passado. As extraordinárias realizações da biologia molecular contra o pano de fundo do desenvolvimento explosivo das tecnologias da informação levaram em grande parte à transição para uma nova etapa qualitativamente nova no desenvolvimento da civilização. O nome desta etapa é civilização pós-industrial. Uma contribuição decisiva para o desenvolvimento sustentável da sociedade pós-industrial do século XXI -

as sociedades do conhecimento - irá proporcionar inovações e a rapidez da sua implementação. Isto aplica-se a todas as áreas, incluindo o campo da medicina prática.

O termo "Medicina Baseada em Evidências" (MBE) foi proposto pelo Canadá
cientistas da Universidade McMaster (Universidade McMaster, Ontário, Canadá) em 1990. Em breve este termo tornou-se geralmente aceite em diferentes países do mundo. O EBM não é um conceito novo. Os seus princípios principais foram formados em França há 150 anos. Nessa altura, a prática médica tinha pouca ligação com a ciência, e para os médicos, a informação sobre os mecanismos fisiopatológicos era do maior interesse. Se era possível descobrir a causa da doença, ou se parecia que a causa estava estabelecida, então o tratamento consistia em eliminar esta causa. Tais métodos tornaram possível combater com sucesso as infecções e outras causas principais de morbilidade e mortalidade nos finais dos séculos 19th e princípios dos 20th . Graças à utilização dos métodos desenvolvidos nessa altura, na URSS, nos EUA e nos países europeus, foi possível aumentar significativamente a esperança média de vida.

O fim dos 20th e início dos 21st séculos pode ser caracterizado como o sucesso de uma nova atitude em relação aos resultados da investigação na medicina moderna. Na última década, o papel de uma tal direcção nos cuidados de saúde como a EBM tem crescido visivelmente. Muitos países criaram centros de MBE e começam a desempenhar um papel significativo nos serviços nacionais de saúde.
Existem várias definições de MBE. De acordo com a mais comum delas, EBM é a utilização consciente, precisa e significativa dos melhores resultados dos ensaios clínicos para seleccionar o tratamento de um determinado doente. Obviamente, a EBM não é uma ciência nova. Pelo

contrário, pode ser vista como uma nova abordagem, direcção ou tecnologia para recolher, analisar, resumir e interpretar a informação científica. Vamos dar mais uma formulação do termo "EBM": - esta é a utilização no diagnóstico, tratamento e prevenção de doenças apenas dos métodos cuja eficácia foi comprovada por um estudo objectivo comparativo devidamente organizado.

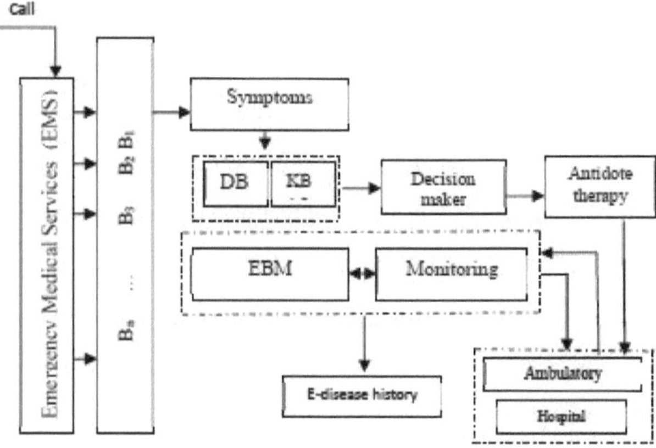

Fig.11. Estrutura do sistema de informação inteligente

Capítulo 4.

Monitorização de Pacientes após Envenenamento por CO

Juntamente com o diagnóstico de envenenamento por monóxido de carbono, a fim de prever as consequências do controlo tem uma grande importância. É necessário observar durante um certo tempo o estado de saúde das pessoas envenenadas. Como, o envenenamento por monóxido de carbono pode causar danos nos tecidos e órgãos como os sistemas cardiovascular e respiratório, músculos, fígado, e rins. As principais causas de danos nos tecidos e órgãos não são apenas hipoxia, mas também stress oxidativo, formação de espécies reactivas ao oxigénio, necrose neuronal, apoptose, e inflamação anormal.

Quero explicar com alguns exemplos porque é que a monitorização por envenenamento por monóxido de carbono é tão importante.

O envenenamento por monóxido de carbono (CO), que causa insultos hipóxicos ao cérebro e outros órgãos, é uma das principais causas de mortalidade e morbilidade. Os sintomas neurológicos do envenenamento por CO podem manifestar-se não só imediatamente mas também tão tardiamente como 2 a 6 semanas após a reanimação inicial bem sucedida como sequelas neurológicas retardadas (DNS). Até à data, não foram desenvolvidos quaisquer métodos fiáveis de avaliação da probabilidade de ocorrência de envenenamento agudo por CO. A ressonância magnética (MRI) tem um papel fulcral na avaliação do dano cerebral no envenenamento por CO. Estudos anteriores sobre a RM convencional mostraram que áreas particularmente vulneráveis do cérebro incluem o córtex cerebral, hipocampo, gânglios basais, e cerebelo e que as lesões do globus pallidus são tipicamente observadas na fase crónica do envenenamento por CO [33].

Devo também notar que dos doentes com envenenamento por CO tratados com oxigénio normobárico, quase metade desenvolve sequelas cognitivas após 6 semanas. Algumas sequelas possivelmente permanentes incluem distúrbios de marcha e motores, neuropatia periférica, perda de audição e anomalias vestibulares, demência, psicose, síndromes amnésticas, e Parkinson [34].

O coração é extremamente susceptível à hipoxia induzida por CO, devido à sua elevada procura de oxigénio. O envolvimento cardíaco manifesta-se principalmente como insulto isquémico, com níveis elevados de enzimas e alterações do ECG que vão desde a depressão do segmento ST até ao enfarte transmural. Foram demonstradas anomalias de condução, fibrilação atrial, intervalo QT prolongado [35] e arritmia ventricular. Tem havido poucos estudos de compromisso cardiopulmonar induzido por CO em crianças. Conhecido é um caso de comprometimento cardiopulmonar grave sem sequelas neuropsiquiátricas evidentes num rapaz de 15 anos [36].

Satran et al. relataram que a lesão miocárdica, definida como a elevação dos níveis de enzimas cardíacas ou alterações isquémicas indicadas na electrocardiografia, foi observada em 37% dos doentes com envenenamento por CO que necessitaram de oxigenoterapia hiperbárica. Num estudo de seguimento, a mortalidade foi significativamente mais elevada entre os doentes que sofreram lesão miocárdica do que entre os que não o fizeram. A morte por causas cardiovasculares foi mais comum entre os doentes com lesão miocárdica [37]. Além disso, num estudo de coorte a nível nacional, o envenenamento por CO aumentou o risco de grandes eventos cardiovasculares adversos [38]. Embora 74,4% dos pacientes com envenenamento agudo por CO e Troponina I elevada tenham sofrido de cardiomiopatia induzida por CO, esta normalizou em muitos casos [39]. No entanto, continua a não ser claro porque ocorrem mais eventos cardiovasculares apesar da normalização da Troponina I elevada induzida por CO e da disfunção cardíaca.

Há informação limitada em relação à imagem cardíaca após envenenamento por CO Um relatório de caso envolvendo a utilização de ressonância magnética cardíaca (CMRI) detectou o aumento tardio do gadolínio (LGE) durante o seguimento de 4 meses de um paciente com envenenamento grave por CO [40]. A figura 12 mostra uma imagem CMRI representativa dos padrões e alterações das lesões. Outro relatório descreveu um doente com lesão subendocárdica aguda após intoxicação por CO [41].

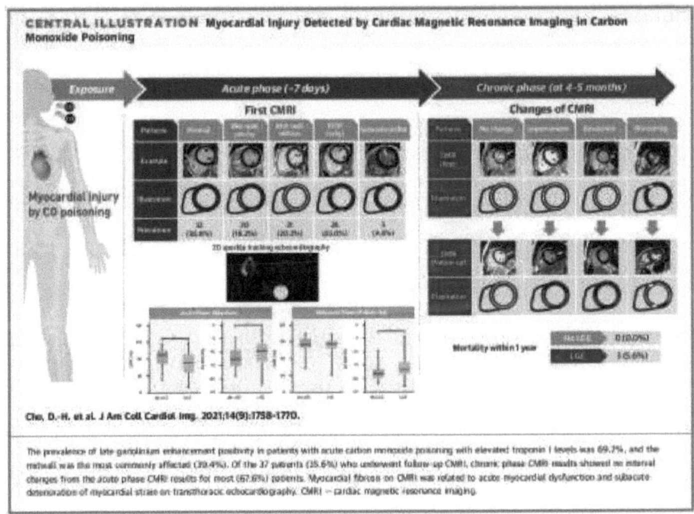

Fig. 12. Imagem representativa CMRI dos padrões de lesão e alterações.

A lesão renal aguda (AKI) raramente é causada por envenenamento por CO. A LRA é uma síndrome clínica que diminui a função renal, resultando na retenção de produtos de resíduos azotados e na desregulação do volume extracelular e dos electrólitos. Este caso é classificado como fase 3 na rede AKI [24].

A rabdomiólise é outra complicação aguda do envenenamento por CO e não tem critérios de diagnóstico definidos; contudo, níveis elevados de CPK superiores a 5 vezes o seu limite normal superior e/ou mioglobinúria podem ser utilizados como factores de diagnóstico [24]. A rabdomiólise é uma condição médica grave que pode ser fatal ou resultar em incapacidade permanente. A rabdomiólise é uma condição médica complexa que envolve a rápida dissolução de músculo esquelético danificado ou lesionado. Esta perturbação da integridade do músculo esquelético leva à libertação directa de componentes musculares intracelulares, incluindo mioglobina, creatina quinase (CK), aldolase, e desidrogenase láctica, bem como electrólitos, na corrente sanguínea e no espaço extracelular.

Nos últimos anos, inovações na indústria química e de construção, por exemplo, ruas rodeadas por arranha-céus altos e finos de ambos os lados, o congestionamento do tráfego é reduzido no que diz respeito à velocidade dos veículos, o monóxido de carbono que é removido dos veículos acumula-se no ar perto da superfície onde as pessoas respiram num ambiente fechado e o monóxido de carbono recolhido na atmosfera, em condições menos ventosas, cria uma situação perigosa para a saúde das pessoas. Tudo isto leva a uma intoxicação crónica. Por estas razões, é necessário considerar o seguinte:

> Diagnóstico diferencial de pacientes em coma;
> Vigilância sanitária a uma pessoa envenenada após um certo período de tempo.

A solução do primeiro problema é levada a cabo utilizando métodos matemáticos e de inteligência artificial em sistema de informação inteligente. O segundo é a questão da monitorização após receber o resultado do tratamento. A monitorização é aconselhável tanto para pessoas uma vez envenenadas como para pessoas afectadas por intoxicação crónica.

A monitorização tem de ser conduzida após um tratamento bem sucedido no hospital. Portanto, a hora de início da monitorização deve coincidir com o fim do tratamento. Os parâmetros funcionais e a análise bioquímica da vítima de monóxido de carbono precisam de ser examinados de tempos a tempos durante a monitorização (intervalo de tempo fixo). Em particular, o tipo de envenenamento, envenenamento mais afectado do corpo e sistemas nervosos e cardiovasculares mais afectados, principalmente o dueto da maioria destes indicadores são verificados seleccionando de entre os mais específicos. Na maioria dos casos, a determinação da verificação dos indicadores do tratamento do paciente que reflectem a saúde das pessoas é seleccionada no processo de tratamento estacionário. A análise no intervalo de tempo seleccionado deve ser verificada para prevenção e prognóstico das consequências após envenenamento.

A informação de monitorização baseia-se em parâmetros de diagnóstico e no próximo laboratório, indicadores funcionais, etc. de análises de parâmetros de tratamento actuais acabados. O resultado da monitorização dos parâmetros é um conjunto de valores medidos de parâmetros obtidos em intervalos de tempo continuamente adjacentes uns aos outros, durante os quais os valores dos parâmetros não se alteram de forma apreciável. Uma principal distinção da monitorização do estado actual em relação à dos parâmetros é a presença de um intérprete dos parâmetros medidos em termos de estado - um sistema especializado de apoio às decisões sobre o estado de um paciente após um determinado intervalo de tempo. A monitorização desempenha várias funções organizacionais:

- revela o estado crítico ou em processo de mudança das condições do estado de um paciente para o qual será elaborado um plano de medidas futuras;
- fornece dados sobre o estado anterior dando feedback que serão trabalhados; relativos a sucessos e fracassos anteriores de uma política ou programas definidos;
- verifica a conformidade com os regulamentos e obrigações contratuais;

A necessidade de monitorização num problema declarado é determinada por um médico e depende do grau de envenenamento. Os períodos podem variar no intervalo de uma semana, mês, trimestre, seis meses, ano. Para organizar a monitorização, acrescentaremos um módulo ao sistema inteligente para diagnóstico diferencial (ver Fig. 11).

A monitorização será levada a cabo pelos seguintes métodos matemáticos:

1. Séries cronológicas ou séries dinâmicas - é um material estatístico sobre o significado de alguns parâmetros (de um parâmetro no caso mais simples) de um processo em estudo que é recolhido em diferentes momentos do tempo. Cada unidade de um material estatístico é chamada medição ou leitura. Para cada leitura, o tempo de medição ou o número de medições sucessivas deve ser dado em séries temporais.

2. Análise de séries cronológicas. A análise de séries cronológicas apresenta um conjunto de métodos matemáticos-estatísticos de análise destinados a relembrar a estrutura das séries cronológicas ou a sua previsão.

O método das séries cronológicas é utilizado para observar a tendência de mudança dos indicadores. A base da análise das séries cronológicas é que os acontecimentos anteriores têm indicações importantes para acontecimentos futuros. Os dados das séries cronológicas são uma sequência de momentos de tempo sucessivos, que reflectem a situação. Em contraste com a análise seleccionada aleatoriamente, a análise de séries cronológicas é baseada em dados de observação de igual tempo. A análise de séries cronológicas pode ser frequentemente encontrada em medicina. A análise de séries cronológicas tem dois objectivos: determinação da natureza da fila e do prognóstico. Em ambos os casos, o modelo deve ser especificado antes de se passar à interpretação dos dados.

O critério U de Manna-Whitney, o critério T de Wilcoxon, o critério Friedman e o critério H de Kraskal-Wallis, que são critérios bioestatísticos paramétricos e não paramétricos, são utilizados para observar a dinâmica dos indicadores no intervalo de tempo. Uma vez que a aplicação do método das séries cronológicas durante a monitorização revela se o intervalo de mudança de qualquer indicador está dentro da norma, é possível minimizar o número de inspecções. Estudos têm demonstrado que a análise periódica revela a tendência dos parâmetros para a mudança no processo de envenenamento por monóxido de carbono e os mais variáveis no processo de envenenamento, são aqueles que são mal tratados. Por exemplo, a linha de regressão empírica e calculada (tendência) da variação total das proteínas ao longo de 18 meses é dada no gráfico abaixo (Fig . 13).

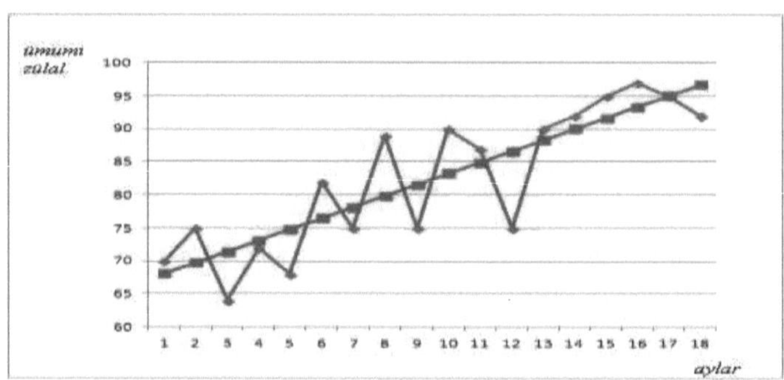

Fig. 13. Dinâmica da mudança total de proteínas

Como se pode ver nos gráficos, há uma tendência crescente na mudança da proteína total para este caso em particular. Os resultados desta análise já fornecem fundamentos para uma monitorização contínua. Como resultado do trabalho do sistema, é determinada a frequência da monitorização, e são feitas recomendações aos médicos para prestarem mais atenção às mudanças nos indicadores, e não para realizarem análisesadicionais.

Foi criado o software do sistema de informação intelectual apresentado (Fig. 14).

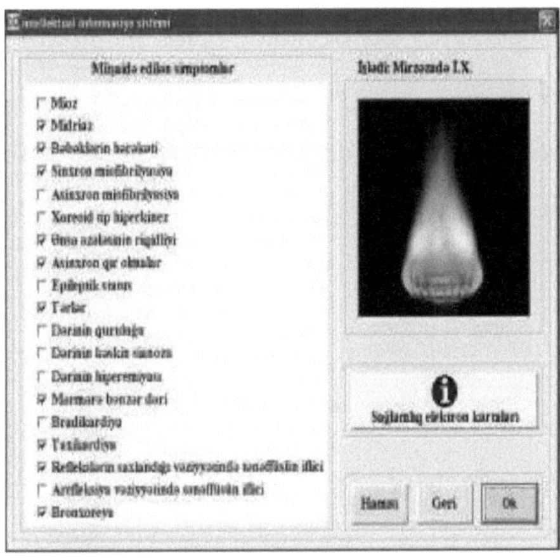

a)

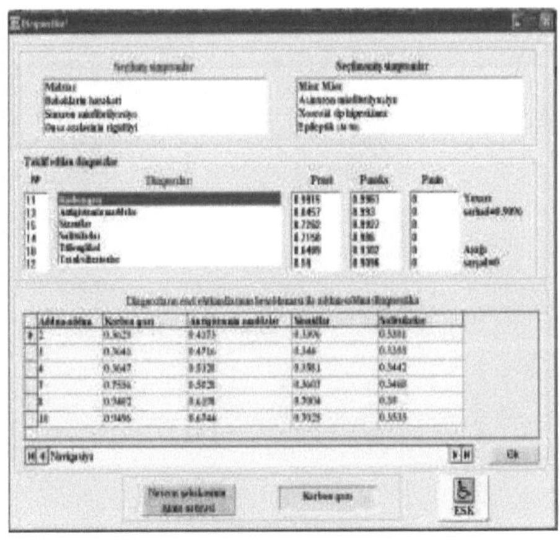

b)

Fig. 14. Fragmentos do trabalho do programa do sistema de informação intelectual

Na Fig. 14a, o médico selecciona os sintomas actuais no sistema, na 14b, a probabilidade actual para cada hipótese, os valores máximos e mínimos das probabilidades de decisão, e no resultado da rede neural a decisão é tomada [42].

Todas as operações e resultados realizados são reflectidos no cartão electrónico do paciente.

Referências

1. V.N.Ruchkin, V.A. Fulin. Universal Artificial Intelligence and Expert Systems. St. Petersburg- "BHV-Petersburg. 2009, 238p.

2. Jason J. Rose, Ling Wang, Qinzi Xu, Charles F McTiernan , Sruti Shiva, Jesus Tejero, e Mark T. Gladwin. Intoxicação por Monóxido de Carbono: Patogénese, Gestão, e Direcções Futuras da Terapia. American Journal of Respiratory and Critical Care Medicine Volume 195 Número 5. Março, 2017

3. EuroSafe (2008) Intoxicação por monóxido de carbono na UE. Exemplo de fichas informativas personalizadas do BID, EuroSafe Alert, 3. (Acessado a 15 de Novembro de 2010).

4. Stearns D, Sircar K. National Unintentional Carbon Monoxide Poisoning Estimates Using Hospitalization and Emergency Department Data. Am J Med. Emerg. Elsevier Inc.; 2019; 37:421-6.

5. Roth, G.A., Abate, D., Abate, K.H., Abay, S.M., Abbafati, C., Abbasi, N., et al., 2018. Mortalidade Global, Regional e Nacional por 282 Causas de Morte em 195 Países e Territórios, 1980-2017: A Systematic Analysis for the Global Burden of Disease Study 2017 (Uma Análise Sistemática para o Estudo da Carga Global de Doenças 2017). Lanceta. 392, 1736–1788.

6. Weaver LK. Envenenamento por monóxido de carbono. In: Moon RE, editor. Indicações de Oxigenoterapia Hiperbárica. 14ª edição. North Palm Beach, FL: Melhor Editora, 2019;81-104.

7. Hampson NB. U.S. Mortality due to Carbon Monoxide Poisoning, 1999-2014. Mortes acidentais e intencionais. Ann Am Thorac Soc. 2016;13: 1768-1774.

8.   CDC (2005) Unit intentional, Non Fire-related, carbon monoxide exposures United States, 2001-2003. Morbidity and Mortality Weekly Report (MMWR), CDC, USA 54: PP 36-39.

9.   Litovitz T, Benson BE, Youniss J, Metz E (2010) Determinantes da Utilização do Centro de Veneno dos E.U.A. Clin Toxicol 48: PP 449-457.

10.   Iqbal S. , Clower J. H. , Hernandez S. A. , Damon S. A. , Yip F. Y. (2012) A review of Disaster-related Carbon Monoxide Poisoning: Vigilância, Epidemiologia, e Oportunidades de Prevenção. Am J Saúde Pública 102: 1957-1963.

11.   Bell J, Bronstein A, Clower JH, Iqbal S, Yip FY, et al. (2011) Carbon Monoxide Exposures in the United States, 2000-2009. Relatório Semanal de Morbilidade e Mortalidade (MMWR), CDC, USA 60: PP 1014-1017.

12.   Dados dos Centros de Controlo e Prevenção de Doenças (CDC). EUA, publicado a 27 de Março de 2017.

13.   Cohen I. , Garis L. , Rajabali F. , Pike I. Intoxicação por Monóxido de Carbono, Hospitalizações e Mortes no Canadá. Um relatório da BC Injury Research and Prevention Unit, para a Universidade do Vale de Fraser: Vancouver, BC. Outubro, 2017.

14.   Gulati R. K. , Kwan-Gett T. , Hampson N. B. , Baer A. , Shusterman D. , et al. (2009) Carbon Monoxide Epidemic among Immigrant Populations: King County, Washington, 2006. Am J Saúde Pública 99: 1687-1692.

15.   Eichhorn L., Thudium M., Jüttner B.. O Diagnóstico e Tratamento da Intoxicação por Monóxido de Carbono. Dtsch Arztebl Int 2018; 115: 863-70. DOI: 10.3238/ arztebl. 2018. 0863.

16.   Comité de Níveis de Orientação de Exposição Aguda; Comité de Toxicologia; Conselho Nacional de Investigação. Níveis de orientação em

matéria de exposição aguda a substâncias químicas aerotransportadas seleccionadas: Vol. 14.

17. Gabinete de Estatística Nacional. Número de mortes por intoxicação por monóxido de carbono, A. Roca-Barceló, et al. Preventive Medicine 136 (2020) 106104 10 Inglaterra e País de Gales, 2015 e 2016. 2017.

18. Executivo de Saúde e Segurança. Grupo Intergovernamental para a Segurança do Gás e Monóxido de Carbono. Relatório Anual 2017/2018. 2019.

19. Ghosh R. E. , Close R. , McCann L. J. , Crabbe H. , Garwood K. , Hansell A. L. , et al. Análise de Admissões Hospitalares devido a Envenenamento por Monóxido de Carbono Acidental Não Relacionado com Incêndio em Inglaterra, entre 2001 e 2010. J Saúde Pública (Oxf). 2016; 38:76–83.

20. Roca-Barcelo A., Crabbe H., Ghosh R., Freni-Sterrantino A., Fletcher T., Leonardi G., Hoge C., Hansell A.L., Piel F.B.. Tendências Temporais e Factores de Risco Demográfico para Admissões Hospitalares devido a envenenamento por Monóxido de Carbono em Inglaterra. Medicina Preventiva. Elsevier. Vol. 136, Julho de 2020.

21. Locatelli C., Casagranda I., Coern D., Dematté P., Demicheli V., Perraro F., Pesenti Compagnoni M., Porro F., Re G.: Linee guida per la gestione e il trattamento del paziente con intossicazione acuta da monossido di carbonio. GIMUPS. 2000, 1: 163-73.

22. G. Can, U. Sayılı, Ö. A. Sayman, Ö. F. Kuyumcu, D. Yılmaz, E. Esen, E. Yurtseven, E. Erginöz. Mapeamento do risco de morte relacionado com o monóxido de carbono na Turquia: uma análise de dez anos baseada em registos de agências noticiosas. BMC Saúde Pública Vol. 19, Janeiro 2019

23. Ножкина Н.В... Научное обоснование совершенствования региональной модели помощи токсикологической медицинской помощи (на примере Свердловской области). Автор. Диссертация на соискание степение доктора мед. Наук, Москва - 2004.

24. Seong Gyu Kim, Jungmin Woo, Gun Woo Kang. Um relatório de caso sobre as Complicações Agudas e Tardias Associadas ao Envenenamento por Monóxido de Carbono Lesão Renal Aguda, Rabdomiólise, e Leucoencefalopatia Atrasada. Medicina (Baltimore). 2019 de Maio. 98(19).

25. M. Braubach, A. Algoet, M. Beaton, S. Lauriou, M.-E. Heroux, M. Krzyzanowski. Mortalidade associada à exposição ao monóxido de carbono nos Estados Membros europeus da OMS. International Journal of Indoor Environment and Health. 2013 Abr.; 23(2):115-25.

26. C. Mattiuzzi, G. Lippi. Epidemiologia mundial da intoxicação por monóxido de carbono. Toxicologia Humana e Experimental 2020, Vol. 39(4), PP 387-392.

27. G. G. Abdullayeva, I. Kh. Mirzazadeh, H. R. Naghizadeh. Inteligência Artificial em Problemas de Diagnóstico de Intoxicações Agudas (Usando um exemplo de diagnóstico diferencial de envenenamentos por monóxido de carbono). Jornal Científico da Europa de Leste. Vol.10, №62. Varsóvia, Polónia. 2020.

28. Bioestatística. Projecto de informação no domínio da saúde na Transcaucásia. Ottawa, 2003 (em russo)

29. Trofimova T.G., Chernov V.. Classificação dos Sistemas Biocibernéticos e Metodologia dos seus Estudos Teóricos/Processo. dos seus relatórios. Conf. "Evidence-based medicine (clinical observation, statistical generalization, the process model)", Voronezh, Janeiro, 2000 (em russo)

30. I.Kh. Mirzazadeh. Um sistema de diagnóstico diferencial para as intoxicações por monóxido de carbono. Journal of Coupled Systems and Multiscale Dynamics. Vol. 4, № 2. EUA. 2016

31. S. Osovsky. Redes Neuronais para Processamento de Informação. Moscovo: "Finanças e Estatística", 2002, 344p.

32. G.G.Abdullayeva, I.Kh. Mirzazadeh, U.R. Naghizadeh, R.H. Naghiyev. Sistema de Informação Inteligente de Diagnóstico e Aplicação de Monitorização na Assistência Médica de Emergência para Intoxicações por Substâncias Tóxicas. Journal of Health and Medical Informatics (JHMI). Vol. 4, Número 2. EUA, Los Angeles. 2013.

33. Sang-Beom Jeon, Chang Hwan Sohn, Dong-Woo Seo, Bum Jin Oh, Kyoung Soo LimDong-Wha Kang, Won Young Kim. Lesões Cerebral Agudas em Ressonância Magnética e Sequelas Neurológicas Atrasadas em Intoxicação por Monóxido de Carbono. JAMA Neurol. 2018 Abr; 75(4): 436–443.

34. Sung Hwa Kim, Yoonsuk Lee, Soo KangJin Hui Paik, Hyun Kim, Yong Sung Cha. Derivação e Validação de uma Pontuação para Previsão de Resultados Neurocognitivos Pobres em Intoxicação Aguda por Monóxido de Carbono. JAMA Netw Open. 2022 de Maio; 5(5): e2210552.

35. Onvlee-Dekker IM, De Vries AC, Ten Harkel AD: Síncope Induzida de Envenenamento por Monóxido de Carbono Mimicking Long-QT. Arch Dis Child 2007, 92:244-5.

36. Chang-Teng Wu, Jing-Long Huang, Shao-Hsuan Hsia. Envenenamento por Monóxido de Carbono Agudo com Compromisso Cardiopulmonar Severo: um relato de caso. Revista de casos. 2009 Jan 14;2(1):52. doi: 10.1186/1757-1626-2-52.

37.   Henry CR, Satran D, Lindgren B, Adkinson C, Nicholson CI, Henry TD. Lesão Miocárdica e Mortalidade a Longo Prazo após Envenenamento Moderado a Grave por Monóxido de Carbono. JAMA. 2006;295: 398–402.

38.   Wong CS, Lin YC, Sung LC, et al. Aumento do risco a longo prazo de grandes eventos cardiovasculares adversos em doentes com envenenamento por monóxido de carbono: um estudo baseado na população em Taiwan. PLoS Um. 2017;12:e0176465.

39.   Cha YS, Kim H, Hwang SO, et al. Incidência e Padrões de Cardiomiopatia em Pacientes Envenenados por Monóxido de Carbono com Lesões do Miocárdio. Toxicologia Clínica. 2016;54:481–487.

40.   Henry TD, Lesser JR, Satran D. Myocardial Fibrosis from Severe Carbon Monoxide Poisoning Detected by Cardiac Magnetic Resonance Imaging (Fibrose Miocárdica por Monóxido de Carbono Grave Detectada por Ressonância Magnética Cardíaca). Circulação. 2008;118:792.

41.   George B, Ruiz-Rodriguez E, Campbell CL, Leung SW, Sorrell VL. Lesão Miocárdica Aguda por Intoxicação por Monóxido de Carbono Detectada por Ressonância Magnética Cardíaca. Eur Heart J Cardiovasc Imaging. 2014;15:466.

42.   G.Abdullayeva, N. Gurbanova, I.Mirzazadeh. Tecnologias de Informação em Toxicologia. LAP LAMBERT Academic Publishing. Alemanha. 2014.

yes
I want morebooks!

Buy your books fast and straightforward online - at one of world's fastest growing online book stores! Environmentally sound due to Print-on-Demand technologies.

Buy your books online at
www.morebooks.shop

Compre os seus livros mais rápido e diretamente na internet, em uma das livrarias on-line com o maior crescimento no mundo! Produção que protege o meio ambiente através das tecnologias de impressão sob demanda.

Compre os seus livros on-line em
www.morebooks.shop

Printed by Books on Demand GmbH, Norderstedt / Germany